CUADERNOS
de **lengua** 3

domina con Bruño

la expresión escrita

Rosa Isabel García de Blas

1 La luna

1 Repasa la luna y completa.

- ¿Dónde está la luna?
  La luna

- ¿Quién la acompaña?
  La acompaña

- ¿Por qué estará la luna en la cama?
  La luna está en la cama porque

2 Completa.

- La luna tiene forma de
- Es blanca como

3 Inventa.

- Cuando sea mayor, viajaré a la luna.
  Una vez que esté allí,

2 El sol

1 Relaciona.

Cuando sale el sol	se hace de noche.
	se hace de día.

2 Completa.

- Mi madre me dice que soy un sol cuando

- No debo mirar directamente al sol porque

3 Observa y explica.

- El dibujante se ha equivocado, porque

- Un cohete no puede acercarse al sol porque

4 Inventa.

- Un día el sol no salió. Así que los niños

3 La laguna

1 Explica qué hace y dónde está cada animal.

Ríe, ríe
el renacuajo
bajo el techo
de una hoja.

Mami rana
salta y salta
en la punta
de una roca.

■ El renacuajo está

debajo de

■ La rana

2 Colorea los animales. Completa y relaciona.

En la laguna hay...

- patos
- flamencos
- cisnes

■ ¿Cómo son?

Los patos — tienen las patas largas y finas.

Los flamencos — tienen el cuello largo y flexible.

Los cisnes — tienen el pico largo y plano.

4 El calzado

1 Busca dónde ha dejado Elena su calzado y rodéalo.

■ ¿Dónde ha dejado Elena su calzado?

Ha dejado las botas en

2 Explica para qué se utilizan.

Los patines sirven para

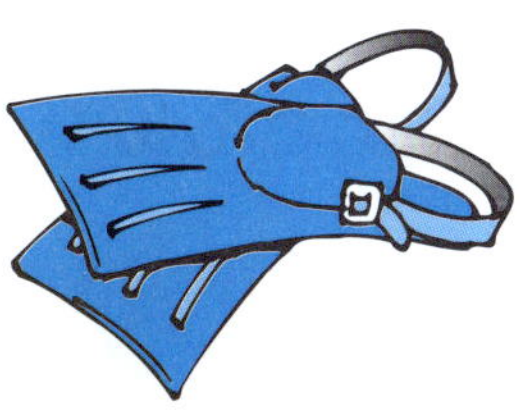

Las

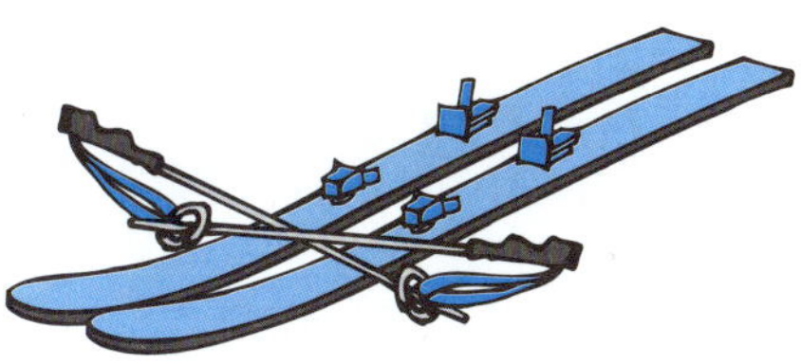

Los

5 El reloj

1 Rodea los relojes.

2 Explica dónde llevan el reloj.

El anciano lo lleva en el chaleco.

La señora ______________________

El chico ______________________

La ______________________

3 Adivina y explica.

Mi muñeca hace tic-tac. ¿Qué le pasará?

Lo que pasa es que ______________________

4 Copia: Llevo reloj para saber la hora.

____

6 La marioneta

1 Ordena.

se hilos La con mueve marioneta

2 Escribe si tú has visto alguna vez marionetas.

Yo

3 Explica cómo se mueve la marioneta.

Primero Luego Después Y al final

La marioneta primero sube los .

Luego sube .

. Y

.

La hucha

1 Explica.

■ ¿Qué dice Míriam?

■ ¿Qué le dice su abuelo?

■ ¿Qué dice el dependiente?

■ ¿Qué pide Míriam?

■ Si me hubiera pasado a mí, yo

8 La veleta

1 Lee y colorea la imagen correcta.

Una vuelta y otra y otra,
mueve el viento la veleta.
¡Pobre gallo, qué mareo,
le da vueltas la cabeza!
El doctor ya viene a verle
y le firma una receta:
—Señor gallo, un jarabe
cada vez que dé una vuelta.

2 Contesta.

- ¿Cómo se siente el gallo?

  El gallo ____________________

- ¿Qué le ha recetado el doctor?

  El doctor le ha recetado ____________________

  cada vez ____________________

3 Inventa.

Había una vez una veleta con forma de caballo, que se escapó del tejado y ____________________

____

9 La isla

¿Están aquí?

náufrago	Sí
mono	
foca	
tortuga	
perro	

1 ¿Quiénes habitan en la isla?

En la isla viven un ______________________,
una __________, __________ y __________.

2 ¿Qué están haciendo?

El náufrago hace ______________________

La ______________________

____

____

■ Si yo viviera en esa isla me gustaría

____

10 El termómetro

1 Explica qué le ocurre a Carlos.

Carlos, *chuss,* estornuda, *chuss:*
—Al colegio no quiero ir,
¡mamá, *chuss!,* ¡qué malo, *chuss!*
Hoy mejor me quedo aquí.

2 Compara con otros objetos.

más largo que

Un termómetro es más largo que

más corto que

Un termómetro es

Un termómetro es más fino que
y más grueso que

3 Cuenta.

Lo peor de estar enfermo es

11 La madriguera

1 Contesta.

- ¿Quiénes viven en la madriguera?

En la madriguera viven

- ¿Cuántas crías tiene la coneja?

La coneja

- ¿Qué hacen las crías blancas? ¿Y la cría negra?

Las crías

La cría

2 Explica en qué se parecen.

El conejo y la vaca se parecen en que los dos

El conejo y

12 El camino

1 Copia la oración correcta.

La lluvia produce charcos en el camino.

La lluvia construye charcos en el camino.

2 Inventa.

Una noche iba yo por un camino cuando, de repente,

3 Traza el camino que sigue el duende.

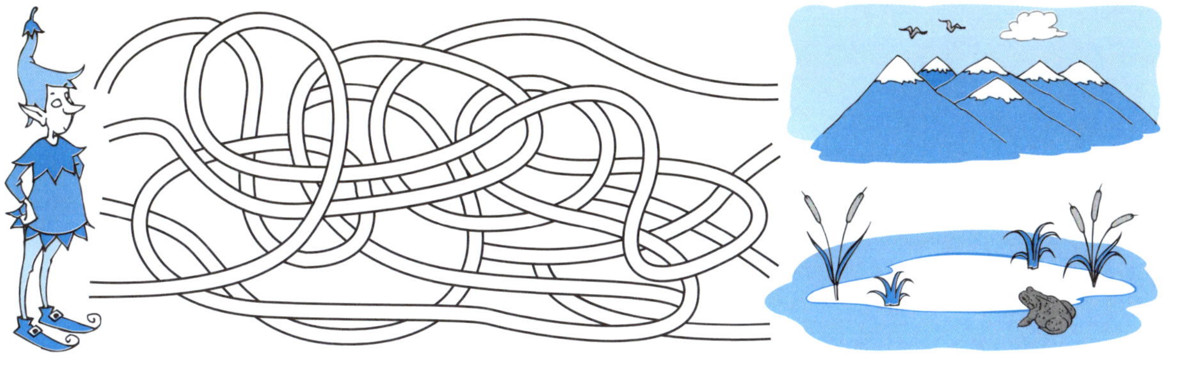

- ¿Adónde quiere llegar el duende?

  El duende

- ¿Quién crees que habita allí?

  Allí

- ¿Para qué querrá ir allí el duende?

13 La lámpara

1 Copia las oraciones en el lugar correcto, según quién las dice.

¡Te concederé un deseo!

¡Te pediré un deseo!

CHICO:

LÁMPARA:

2 Pide tú un deseo.

3 Observa y escribe qué hace el genio.

Por la mañana | Al mediodía | Por la noche

Por la

Al

Por

14 La jaula

1 Nombra mascotas que viven en jaulas.

2 Colorea a Tadeo.

Yo soy un loro, el loro Tadeo,
que en esta jaula vive feliz.
En mi columpio me balanceo
y, como mi puerta ya sé abrir,
por la mañana doy un paseo
y por la noche vuelvo a dormir.

- ¿Cómo has sabido quién es Tadeo?
  Porque

- ¿Por qué vive Tadeo feliz en su jaula?
  Porque

- ¿Adónde imaginas que ha ido hoy a pasear?
  A

3 Ordena y copia.

alpiste No el comedero me queda en

15 El bocadillo

1 ¿Cuál es el mismo? Rodéalo.

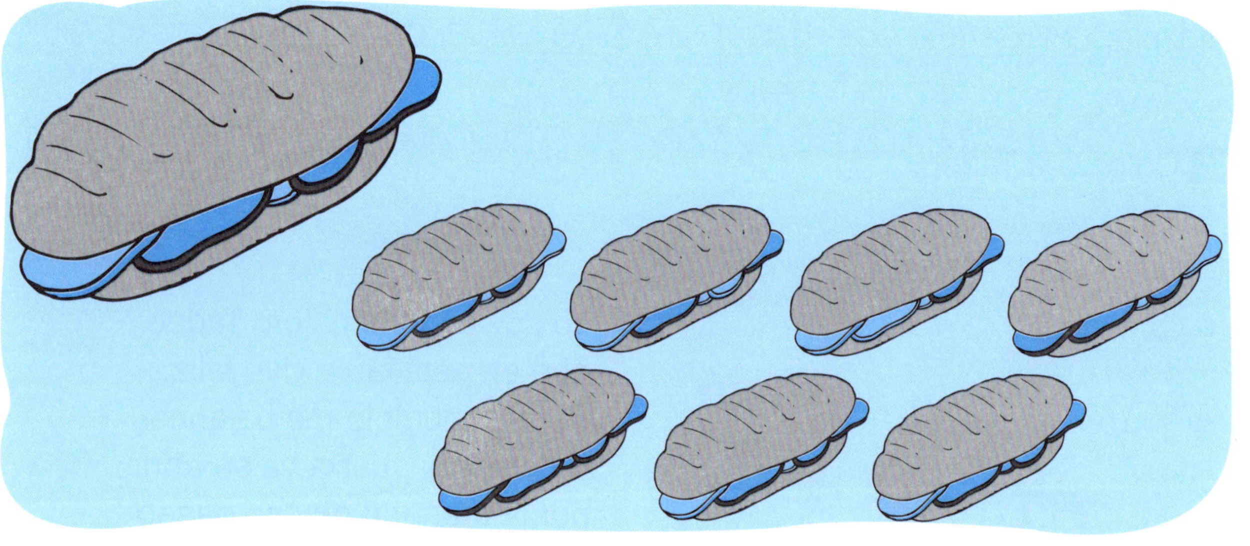

2 ¿Cómo es este bocadillo?

- Es más grande que
- Es más pequeño que
- Es más sabroso que

3 ¿Con qué se hace el pan?

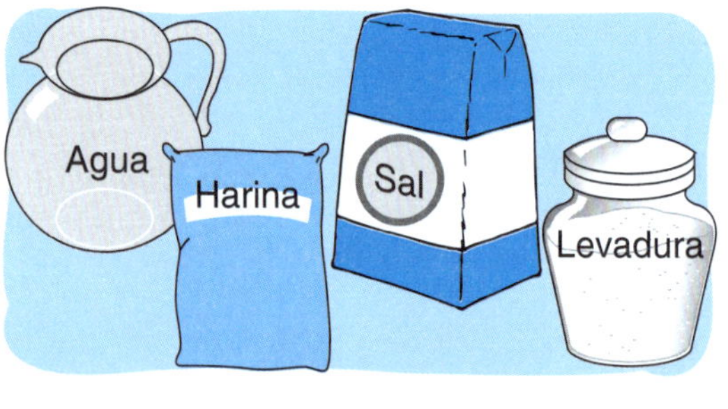

El pan se

4 ¿Cómo te gustan los bocadillos?

A mí

16 El puente

1 Tacha la oración incorrecta y copia la correcta.

Han construido un puente que atraviesa el río.

Han construido un río que atraviesa el puente.

2 Completa.

barco – barca – canoa

Por la izquierda viene

Por el centro

Por

3 Elige y copia.

Los barcos
- aparcan en el garaje.
- aterrizan en el aeropuerto.
- atracan en el puerto.

17 El circo

1 Observa y contesta.

¿Están aquí?

domadora	Sí
trapecista	
malabarista	
payaso	
mago	

2 ¿Quiénes están en la pista?

3 ¿Qué hacen?

La domadora amaestra

El

La

El

4 ¿Qué es lo que más te gusta del circo?

18 El desayuno

1 Relaciona y completa.

un tazón — de pan

una copa — de leche

una rebanada — de zumo

Aitor desayuna ______________________

____

____

2 Explica para qué sirve cada objeto en el desayuno.

Durante el desayuno necesito:

- Una taza para tomar en ella ______________.
- Una cuchara para ______________.
- Un plato para ______________.
- Un cuchillo para ______________.
- Un tenedor para ______________.
- Un vaso para ______________.

19 La olla

1 Copia la oración correcta.

Encenderé el fuego para hacer sopa.

Haré la sopa para encender el fuego.

2 Di qué diferencia hay entre una sartén y una cacerola.

La diferencia es que

3 Expresa tu opinión.

Lo mejor de cocinar es

4 Explica qué errores comete el cocinero.

Así no conseguirá hacer la comida porque

No podrá cocinar así porque

20 El espantapájaros

1 Colorea.

2 Explica cómo ha quedado.

Ahora el espantapájaros tiene un sombrero de color ________________________,

una ________________________

3 Lee y cuenta qué le ocurre al espantapájaros.

Los pájaros se espantan,
se van cuando lo ven.
Ninguno viene al campo
porque se asustan de él.
El hombre de paja llora.
¿Quién le va a querer?

21 La gruta

1 Observa y marca los animales que hay.

- oso X
- liebre
- mangosta
- ciervo

2 ¿Qué ocurrió en la gruta?

Ocurrió que una ______________ se asomó a ______________ ______________ para ver qué había dentro. Entonces, ____.

La mangosta se quedó ____.

Pero luego, ____.

3 ¿Cómo son?

La liebre es ______________________________

La mangosta es ______________________________

El oso es ______________________________

22 El aspirador

1 Observa y rodea lo que ha absorbido el aspirador.

2 Contesta.

El aspirador ha absorbido

- ¿Qué tenía que haber hecho el señor para que no ocurriera eso?

  Para que no ocurriera eso

- ¿Qué tendrá que hacer ahora?

  Ahora

3 Elige un electrodoméstico que haya en tu casa y explica para qué sirve

aspiradora licuadora freidora batidora

23 El ogro

1 Colorea solamente los muebles.

2 Explica cómo ha colocado el ogro sus muebles.

El ogro ha colocado un armario muy grande junto a la pared. Ha puesto una

3 ¿Recuerdas algún cuento de un ogro? Cuenta qué hacía y qué le pasaba.

4 Inventa la historia de un ogro bueno.

Érase una vez un ogro que era muy bueno, pero la gente

24 La regadera

1 Marca lo verdadero y escribe toda la información seguida.

Una regadera es…

- ☐ un recipiente
- ☐ una máquina
- ☐ que sirve para regalar.
- ☐ que sirve para regar.

Una regadera es

2 Tacha la oración incorrecta y copia la correcta.

Tengo que regar las plantas para que crezcan.

Tienen que crecer las plantas para que yo las riegue.

3 Explica por qué no sirven estas regaderas.

Porque

Porque

25 Los vehículos

1 Piensa en qué se parecen estos coches.

El  y el  se parecen en que

El  y el  se parecen en que

El  y el  se parecen en que

2 Elige uno de los coches y di adónde te irías con él.

Yo elijo

3 Lee e imagina qué ocurre.

Si a un coche le falta el volante,

4 Inventa historias.

Con este coche yo fui una vez

Este modelo de coche es el mejor para

5 Localiza y numera los vehículos.

1. Apisonadora
2. Taxi
3. Excavadora
4. Camión
5. Grúa
6. Tractor

6 Forma oraciones.

- La apisonadora aplasta un quiosco.
- El taxi es
-
-
-
-

26 Los trajes

1 Tacha los errores que ha cometido el sastre.

2 Explica los errores.

El pirata lleva puesta

La bombera

El pistolero

3 Rodea lo correcto.

la manga el brazo	de la camisa	la pierna la pata	del pantalón

4 Escribe oraciones.

- La manga de la camisa
- La pata del pantalón

5 Observa. Estos trajes les sientan muy mal. ¿Por qué será?

Porque el pantalón le queda corto y la

Porque

Porque

6 Explica qué mezcla ha hecho Ramona para vestirse.

Para vestirse, Ramona se ha puesto un gorro de

27 Las frutas

1 Explica qué se celebra en este lugar.

Se celebra

2 Cuenta a quiénes reconoces.

El portero es una

Los reporteros son

Los invitados son

3 Elige a la fruta que llega más elegante.

Yo opino que

4 Indica qué fruta ha llegado acompañada.

Yo creo que

5 Observa, completa y dibuja las noticias del periódico.

Noticias del festival

Todos los invitados rumoreaban que Nar y Anja se han enamorado y que muy pronto

El gran cantante Pla Tano anunció que

Dicen que Amanda Mandarina tiene tanto dinero que

Se cuenta que Ana Manzana va a hacer una nueva película que tratará de